Campeones de la World Series: Los Washington Nationals

El jardinero José Guillén

El jardinero Lane Thomas

CAMPEONES DE LA WORLD SERIES

LOS WASHINGTON NATIONALS

JOE TISCHLER

CREATIVE EDUCATION/CREATIVE PAPERBACKS

CREATIVE SPORTS

Publicado por Creative Education y Creative Paperbacks
P.O. Box 227, Mankato, Minnesota 56002
Creative Education y Creative Paperbacks son marcas
editoriales de The Creative Company
www.thecreativecompany.us

Dirección de arte por Tom Morgan
Diseño y producción por Ciara Beitlich
Editado por Jill Kalz

Fotografías por Alamy (Christopher Szagola/CSM), Corbis (Rich
Pilling, Robert Riger), Getty (Bettmann, Rob Carr, Focus on Sport,
Icon Sportswire, Mitchell Layton, Jim McIsaac, Don Smith, Rob
Tringali/Stringer, The Washington Post)

Library of Congress Cataloging-in-Publication Data
Names: Tischler, Joe, author.
Title: Los Washington Nationals / [by Joe Tischler].
Description: [Mankato, Minnesota] : [Creative Education and
    Creative Paperbacks], [2024] | Series: Creative sports. Campeones
    de la World Series | Includes index. | Audience: Ages 7-10 years
    | Audience: Grades 2-3 | Summary: "Elementary-level text and
    engaging sports photos highlight the Washington Nationals' MLB
    World Series win, plus sensational players associated with the
    professional baseball team such as Pedro Martinez"-- Provided by
    publisher.
Identifiers: LCCN 2023015540 (print) | LCCN 2023015541 (ebook) | ISBN
    9781640269583 (library binding) | ISBN 9781682775080 (paperback)
    | ISBN 9781640269828 (ebook)
Subjects: LCSH: Washington Nationals (Baseball team)--History--
    Juvenile literature. | Montreal Expos (Baseball team)--History--
    Juvenile literature. | Nationals Park (Washington, D.C.)--History-
    -Juvenile literature. | Robert F. Kennedy Memorial Stadium
    (Washington, D.C.)--History--Juvenile literature. | World Series
    (Baseball)--History--Juvenile literature. | National League of
    Professional Baseball Clubs--Juvenile literature. | Major League
    Baseball (Organization)--History--Juvenile literature. | Baseball--
    Washington (D.C.)--History--Juvenile literature.
Classification: LCC GV875.W27 T5718 2024 (print) | LCC GV875.W27
    (ebook) | DDC 796.357/6409753--dc23/eng/20230412

Impreso en China

Campeones de la World Series de 2019

jardinero Juan Soto

CONTENIDO

El hogar de los Nationals

ashington, D.C., es la capital de los Estados Unidos.El presidente de la nación vive allí. El equipo de béisbol de los Nationals también juega allí. A los aficionados les encanta ir a un **estadio** llamado Nationals Park para animarlos.

Los Washington Nationals son un equipo de la Major League Baseball (MLB). Son parte de la División Estede la National League (NL). Sus mayores **rivales** son los Philadelphia Phillies. Todos los equipos de la MLB intentan ganar la World Series para convertirse en campeones.

El lanzador Pedro Martínez

Nombrando a los Nationals

ashington, D.C. ha sido el hogar de muchos equipos de béisbol profesionales. Los Washington Senators jugaron en la American League de 1901 a 1960. Durante la mayor parte de ese tiempo, también fueron llamados los Nationals. Cuando el béisbol regresó al área en 2005, el equipo eligió "Nationals" como su nombre.

El jardinero Andre Dawson

Historia de los Nationals

Los Nationals de hoy se formaron en 1969, en Montreal, Canadá. Allí los llamaban los Expos. Montreal no hizo su primera aparición en las **eliminatorias** hasta 1981. Tres miembros del **Salón de la Fama** del béisbol estaban en ese equipo. Andre Dawson y Tim Raines ocupaban el jardín exterior. El catcher Gary Carter ganó premios de bateo y defenso. Los Expos cayeron justo antes de llegar a la World Series.

Los Expos continuaron jugando bien. Pero no pudieron regresar a las eliminatorias. El tercera base Tim Wallach jugó en cinco Juegos de Estrellas. Ganó múltiples premios Gold Glove y Silver Slugger. Los mejores defensores y bateadores los consiguen.

Los Expos se mudaron a Washington, D.C., en 2005. Se convirtieron en los Nationals. No eran muy buenos. Dos veces perdieron más de 100 juegos en una temporada. El equipo comenzó a ganar en 2012. Llegaron a las eliminatorias por primera vez en más de 40 años. El jardinero Bryce Harper fue una estrella. Fue nombrado Novato del Año de la NL. Tres años después, fue nombrado el jugador más valioso de la NL.

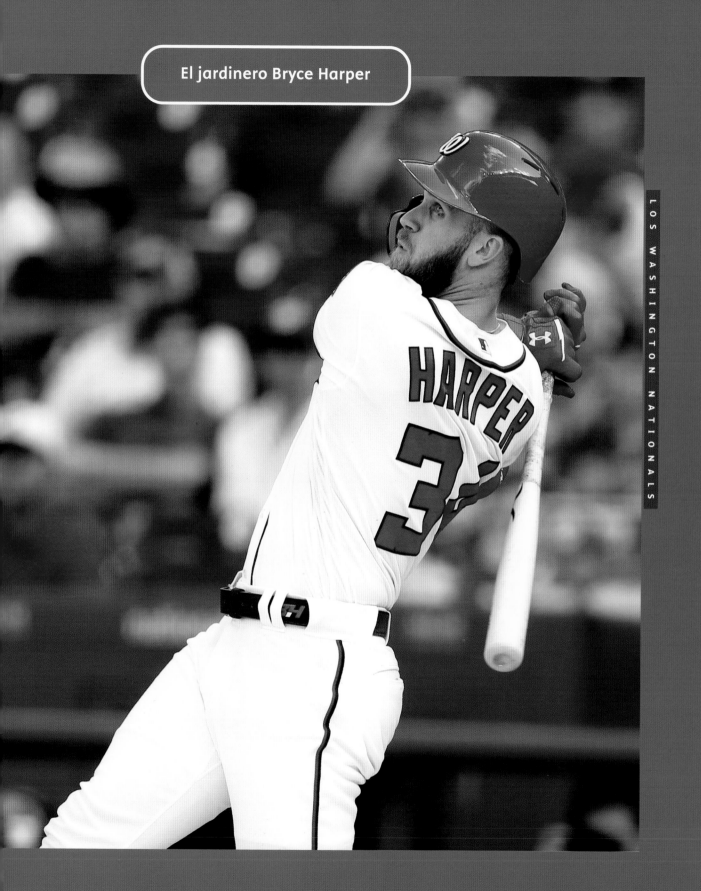

El jardinero Bryce Harper

LOS WASHINGTON NATIONALS

El lanzador Stephen Strasburg

Los Nationals ganaron su primera serie de eliminatorias en 2019. Max Scherzer y Stephen Strasburg fueron dos de los mejores lanzadores del béisbol. El jardinero Juan Soto bateó jonrones. Estos jugadores impulsaron a los Nationals a su primera World Series. ¡Vencieron a los Houston Astros para ganar su primer campeonato!

Otras estrellas de los Nationals

Muchas estrellas han jugado para los Nationals. Steve Rogers y Dennis Martínez fueron grandes lanzadores. Martínez una vez lanzó un **juego perfecto**.

Vladimir Guerrero echó a corredores de bases del jardín derecho. Pedro Martínez ponchó a bateador tras bateador.

El jardinero Vladimir Guerrero

El jardinero Víctor Robles

Víctor Robles y Lane Thomas son jóvenes bateadores en ascenso. ¡Los aficionados esperan que ellos puedan llevar a los Nationals otro campeonato pronto!

Sobre los Nationals

Comenzaron a jugar en: 1969

....

Liga/división: Liga Nacional, División Este

....

Colores del equipo: rojo, blanco y azul

....

Estadio local: Nationals Park

....

CAMPEONATOS DE LA WORLD SERIES:

2019, 4 juegos a 3,
venciendo a los Houston Astros

....

Sitio web de los Washington Nationals:
www.mlb.com/nationals

....